Axel Kühner

*Ein Lächeln
macht die Runde*

Axel Kühner

Ein Lächeln macht die Runde

55 heitere Episoden für fröhliche Christen

neukirchener
aussaat

Dieses Buch wurde auf FSC®-zertifiziertem Papier gedruckt.
FSC (Forest Stewardship Council®) ist eine nichtstaatliche,
gemeinnützige Organisation, die sich für eine ökologische und
sozialverantwortliche Nutzung der Wälder unserer Erde einsetzt.

Bibliografische Information der Deutschen Nationalbibliothek.

Die Deutsche Nationalbibliothek verzeichnet diese
Publikation in der Deutschen Nationalbibliografie.
Detaillierte bibliografische Daten sind im Internet über
http://dnb.d-nb.de abrufbar.

4. Auflage 2013
© 2010 Neukirchener Verlagsgesellschaft mbH, Neukirchen-Vluyn
Alle Rechte vorbehalten
Bibeltexte: Lutherbibel – revidierter Text 1984,
durchgesehene Ausgabe in neuer Rechtschreibung,
© 1999 Deutsche Bibelgesellschaft, Stuttgart
Umschlaggestaltung: Andreas Sonnhüter, Düsseldorf,
unter Verwendung einer Illustration von © iStockphoto.com
Lektorat: Birgit Doobe
Satz: Hans Winkens, Wegberg
Verwendete Schriften: Bembo und Matrix Script
Druck: CPI – Ebner & Spiegel, Ulm
Printed in Germany
ISBN 978-3-7615-5773-0

www.neukirchener-verlage.de

Humor ist der Knopf, der verhindert,
dass uns der Kragen platzt.

JOACHIM RINGELNATZ

Inhalt

Ein Lächeln macht
die Runde

Herr Winter, in morgendlich heiterer Ruh,
lächelte Herrn Sommer zu.
Dieser, durch das Lächeln heiter,
gab es an den Busfahrer weiter,
der an die süße Mitfahrerin und die
an Dr. Blase, Facharzt für Urologie,
dieser an den Sanitäter vom Krankentransport,
der an die Klofrau und so fort.
So machte das Lächeln die Runde und kam
    irgendwann
so gegen Abend am Goetheplatz an,
bei einem ganz und gar traurig-tristen,
doch durch das Lächeln erheiterten Polizisten,
sodass der, als Herr Winter den Verkehr
    blockierte,
den Verstoß nur mit einem Lächeln quittierte.

Das Lächeln ist ein Fenster,
durch das man sieht, ob das Herz zu Hause ist.

RUSSISCHES SPRICHWORT

Die zehn Gebote lackiert

In einer kleinen schwedischen Dorfkirche entdeckte man in einem alten Kirchenbuch kunstvoll verzierte Eintragungen aus dem Jahr 1795. Die säuberlich notierten Aufzeichnungen zeugen von dem gesunden Humor des Künstlers und ebenso des Küsters, der sie mit dem gewichtigen Amtssiegel versah und ordnungsgemäß wie folgt registrierte:

1. Das zweite Gebot verändert sowie die zehn Gebote lackiert, 3 Kronen.
2. Pontius Pilatus verputzt, neues Pelzwerk auf seinen Kragen gesetzt sowie ihn von allen Seiten poliert, 3 Kronen.
3. Den Himmel erweitert und verschiedene Sterne eingesetzt, das ewige Höllenfeuer verbessert und dem Teufel ein vernünftiges Gesicht aufgesetzt, 15 Kronen.
4. Die heilige Magdalena, die völlig verdorben war, erneuert, 12 Kronen.
5. Die klugen Jungfrauen gereinigt sowie sie da und dort ein wenig angestrichen, 10 Kronen.

6. Den Weg zum Himmel deutlicher markiert, 1 Krone.
7. Die Frau des Potifar lackiert sowie ihr den Hals vom Schmutz gereinigt, 5 Kronen.
8. Das Rote Meer vom Fliegenschmutz gesäubert, 2 Kronen.
9. Das Ende der Welt weiter zurückgestellt, da es viel zu nahe war, 20 Kronen.

Da merkte ich, dass es nichts Besseres
dabei gibt als fröhlich sein und
sich gütlich tun in seinem Leben.

PREDIGER 3,12

Graue Haare, buntes Leben

Eine feine ältere Dame stärkt sich nach einem anstrengenden Stadtbummel in einem Imbiss. Sie lässt sich eine Terrine Gulaschsuppe geben, findet einen freien Stehtisch, bugsiert vorsichtig die Suppe darauf und hängt ihre Handtasche an den Haken darunter. Noch einmal kämpft sie sich durch die Menge von Tischen und Leuten und holt sich Löffel und Serviette. Als sie zurückkommt, steht da ein junger Mann am Tisch und löffelt die Gulaschsuppe. Er ist schwarz und kommt aus Afrika. Die Frau schluckt ihre Entrüstung herunter und stellt sich dazu und isst mit ihm die Gulaschsuppe. Nun schaut der Schwarze völlig verwundert. Aber dann löffeln sie beide die Suppe aus. Zaghaft lächeln sie sich an, die Beklemmung weicht. Als die Terrine geleert ist, fragt der Afrikaner die Frau in einwandfreiem Deutsch: »Darf ich Sie noch zu einer Tasse Kaffee einladen?« Ganz beglückt nickt die Frau und denkt beschämt an ihre Vorurteile gegen Ausländer. Der Mann holt zwei Tassen Kaffee, sie trinken ihn schweigend aus und der junge Mann aus Afrika verabschiedet sich freundlich. Die Dame ist so glücklich über diese ungewöhnliche Begegnung. Doch dann durchzuckt sie ein Gedanke. Sie fasst unter den Tisch, der Haken ist leer, die Tasche ist weg. »So ein Gauner!«, schimpft sie und eilt dem Mann hinterher. Aber der ist im Gewühl der Menschen längst verschwunden. Enttäuscht kehrt sie in den Imbiss zurück. Da entdeckt sie auf dem Nebentisch ihre volle Terrine Gulaschsuppe und die Handtasche hängt darunter.

Einen jeglichen dünken seine Wege rein;
aber der Herr prüft die Geister.

SPRÜCHE 16,2

Kurz und bündig

Eine Gemeinde ließ ihrem Pfarrer sagen, er möge seine Predigten kürzer und einfacher machen. Sie hätten auch am Sonntag nicht so viel Zeit und Kraft, sich mit den schweren Fragen des Glaubens zu beschäftigen. Der Pfarrer versprach, darüber nachzudenken und ihnen am nächsten Sonntag eine Antwort zu geben. Alle kamen gespannt zum Gottesdienst. Als die Predigt beginnen sollte, stieg der Pfarrer langsam und keuchend, stöhnend und ächzend die Stufen zur Kanzel hinauf, hielt mehrmals inne, wischte sich den Schweiß von der Stirn und gelangte nach offensichtlich beschwerlichem Aufstieg doch noch auf die Kanzel. Dort sah er die Gemeinde an und rief: »Liebe Gemeinde, schwer und mühsam ist der Weg zum Leben und Glauben!« Dann raffte er schnell seinen Talar zusammen, setzte sich blitzartig auf das Geländer und sauste hinunter. Unten angekommen rief er in die Kirche: »Und so schnell und einfach ist der Weg ins Verderben! Amen.« Damit war die Predigt für diesmal beendet. Aber die Gemeinde hatte begriffen, dass der Weg ins richtige Leben Mühe und Zeit, Überlegung und Sorgfalt braucht. Und wenn die Predigt mal etwas länger dauerte, dann dachten die Leute an den schmalen Weg, der zum Leben und in die Seligkeit führt.

Wie eng ist die Pforte und wie schmal
der Weg, der zum Leben führt,
und wenige sind's, die ihn finden!

MATTHÄUS 7,14

Der Klügere gibt nicht nach

Zwei Bauern treffen mit ihren Fuhrwerken auf einer schmalen Brücke genau in der Mitte zusammen. Jeder fordert vom anderen, dass er weicht und Platz macht. Keiner gibt nach. Sie diskutieren, argumentieren, drohen. Jeder fühlt sich im Recht und hat seinen Stolz. So stehen sie sich gegenüber. Die Zeit vergeht. Sie packen ihre Vesper aus, machen ein Nickerchen. Jeder sitzt auf seinem Wagen und hofft, dass der andere entnervt nachgibt.

Der Tag vergeht, sie halten trotzig ihre Position. Plötzlich schreit der eine den anderen an: »Wenn du nicht augenblicklich zurückfährst und mir Platz für die Durchfahrt machst, dann verfahre ich mit dir, wie ich schon heute Morgen auf einer Brücke vorher mit einem anderen Bauern verfahren bin!«

Erschrocken weicht sein Gegenüber zurück, lässt den anderen durch. Als er die Brücke verlassen hat, fragt der Nachgiebige noch ganz eingeschüchtert: »Nun sag mir wenigstens, wie du es heute Morgen mit dem anderen gemacht hast.« – »Nun, was werde ich schon gemacht haben? Ich bin zurückgewichen und habe ihn durchgelassen!«

Wer Streit anfängt, gleicht dem,
der dem Wasser den Damm aufreißt.
Lass ab vom Streit, ehe er losbricht.

SPRÜCHE 17,14

Man kann seine Meinung doch mal ändern

Ein Mann kommt eines Tages zu einem Priester und bittet ihn, für seinen verstorbenen Hund eine Messe zu lesen. Entrüstet lehnt der Priester ab. Der Mann erklärt, wie sehr er den Hund geliebt hat und wie groß seine Trauer ist. Der Priester bleibt hart: »Wir lesen keine Messe für einen Hund!« Der Mann lässt nicht locker: »Mein Hund war mir ein Freund und Partner, mehr als mancher Mensch!« Der Priester schickt ihn fort und rät ihm, es doch mal bei der anderen Konfession zu versuchen. Enttäuscht wendet sich der Mann zum Gehen, dreht sich in der Tür noch einmal um und meint: »Sehr schade, ich habe den Hund wirklich geliebt und wollte für die Messe auch ordentlich spenden!« Der Priester springt auf: »Warten Sie mal! Warum haben Sie nicht gleich gesagt, dass der Hund gut katholisch war? Natürlich bekommt er eine Messe gelesen.«

Eure Rede aber sei: Ja, ja; nein, nein.
Was darüber ist, das ist vom Übel.

MATTHÄUS 5,37

Ein Unglück kommt
selten allein

Manche Tage beginnen so schön, und dann geht alles schief. Eine Familie macht sich auf, um ihr neues Auto direkt vom Werk abzuholen. Der Vater freut sich auf den großen Wagen, die Mutter freut sich auf den Einkaufsbummel, die Kinder freuen sich auf den Besuch in einem Freizeitpark. Das Auto ist wunderbar, die Einkäufe günstig, der Tierpark ist erreicht. Alle sind gut drauf.

Im riesigen Tierpark laufen die wilden Tiere frei herum, und die Menschen sind zur Abwechslung mal eingesperrt in ihren Blechkisten. Es ist heiß, die Kinder lassen die Scheiben herunter, um die Elefanten besser sehen und vielleicht sogar berühren zu können. Eine Elefantendame steckt neugierig ihren Rüssel in das Auto. Plötzlich bekommen die Kinder Angst. Der Vater drückt auf den elektrischen Fensterheber. Die Scheibe saust nach oben und klemmt den Rüssel ein. Das tut dem Elefanten weh und er drückt verärgert mit seinem massigen Körper die ganze Seite des Autos ein. Die Kinder schreien, der Vater schimpft, die Mutter weint. Entnervt verlassen sie den Park und müssen nun zur Kenntnis nehmen, dass der Betreiber für den Schaden nicht haftet, da überall die Hinweistafeln das Öffnen der Fenster verbieten.

Die Familie kehrt im Gasthaus ein und bei einem guten Essen mit einigen kühlen Bieren für den Vater beruhigt man sich allmählich. Auf der Heimfahrt geraten sie in einen Stau, an dessen Ende mehrere Wagen aufeinander aufgefahren sind. Der Vater kann gerade noch bremsen und kommt direkt hinter dem letzten verunfallten Wagen zum Stehen.

Die Polizei trifft ein und nimmt den Schaden auf. Die Beamten wollen auch den Wagen der Familie mit in den Unfall einbeziehen. Der Vater bestreitet, am Unfall beteiligt zu sein. Der Beamte weist auf den demolierten Wagen. Der Vater entgegnet: »Das hat ein Elefant getan!« Der Polizist holt sofort die Tüte und lässt den Vater blasen. Er hat etwas zu viel Alkohol im Blut, bekommt den Führerschein abgenommen, und die Familie darf nach endlosen Schwierigkeiten schließlich mit der Bahn die Heimreise fortsetzen.

Am guten Tag sei guter Dinge, und am
bösen Tag bedenke: Diesen hat Gott
geschaffen wie jenen, damit der Mensch
nicht wissen soll, was künftig ist.

PREDIGER 7,14

Ehrlich und klug

In der Not- und Hungerzeit nach dem Zweiten Weltkrieg fuhren Nonnen aus einem Kloster in Trier ab und an in das nahe gelegene Luxemburg, um dort für sich und die Bedürftigen Lebensmittel zu besorgen, die es in Deutschland damals nicht gab. Neben den Grundnahrungsmitteln besorgten sie hin und wieder auch Bohnenkaffee, der einen besonderen Wert im Tauschhandel hatte. Diesen Schatz verstauten sie in ihrer weiten Ordenstracht, indem sie die Kaffeepäckchen unter die Arme klemmten. Einmal gerieten sie in eine Zollkontrolle und der Zöllner fragte die Nonnen streng, ob sie etwas eingekauft und zu verzollen hätten. Eine der Nonnen sagte ganz offen: »Ja, wir haben mehrere Pfund Kaffee eingekauft. Den haben wir unter den Armen verteilt!« Die Nonnen durften ungehindert weiterreisen.

Denn eines jeden Wege liegen
offen vor dem Herrn, und er hat Acht
auf aller Menschen Gänge.

SPRÜCHE 5,21

Ungewollte Helden

Eine Ölquelle geriet in Brand. Die Ölgesell-
schaft rief Fachleute zu Hilfe, damit sie das
Feuer löschen. Aber die Hitze war so enorm,
dass sich die Spezialisten nicht näher als dreihundert Meter an den Brandherd herantrau-
ten. Das Unternehmen hatte auch die örtliche
Feuerwehr vorsichtshalber um Hilfe gebeten.
Und da rollte auch schon der alte, klapprige
Feuerwehrwagen die Straße hinab und kam erst
etwa 20 Meter vor den verheerenden Flammen
zum Stehen. Die Männer sprangen aus dem Wagen und während einer die anderen ständig mit
Wasser besprühte, gelang es ihnen, den Brand
unter Kontrolle zu bringen und schließlich zu
löschen.
Die Gesellschaft veranstaltete daraufhin eine
kleine Feier zur Ehrung der örtlichen Feuerwehr. In dankbaren Reden wurde der Helden-
mut der Männer hervorgehoben und ihr muti-
ger Einsatz gewürdigt. Als sichtbares Zeichen
der Anerkennung wurde dem Chef der Wehr
ein Scheck über einen ansehnlichen Betrag
überreicht. Als ein Zeitungsreporter den Haupt-

mann fragte, was er mit dem Geld für die Feuerwehr tun wolle, antwortete der ganz schlicht:
»Zuerst werden davon die Bremsen am Lösch-
fahrzeug repariert!«

Kaufe Wahrheit und verkaufe sie nicht,
die Weisheit, die Zucht und die Einsicht.

SPRÜCHE 23,23

Schönen Gruß von Gott

Einst lebte im Schwabenland ein Grobschmied mit dem Namen Huschwadel. Der war groß und stark wie ein Bär und hatte riesige Hände. Als Schmiedegeselle begab er sich auf Wanderschaft und kam in ein kleines Städtchen in Thüringen. Dort fand er Arbeit und auf dem Weg zu seiner Herberge las er ein Plakat: »Heute Abend spricht um 20 Uhr im Hinterstübchen des ›Ochsen‹ Herr Professor X aus Berlin über das Thema: Warum es Gott nicht geben kann.« Huschwadel dachte bei sich: »Warum es Gott nicht geben kann? – Ich habe doch eben noch mit ihm gesprochen!«

So fand er sich neugierig um 20 Uhr im Hinterstübchen des ›Ochsen‹ ein und musste mit anhören, wie ein kleiner Mann aus Berlin eine ganze Stunde lang über Gott herzog. Seine Lästereien und Spottreden gipfelten schließlich in dem Satz: »Liebe Leute, wenn es Gott wirklich gäbe, dann müsste er nach so viel Spott und Hohn einen Engel schicken, der mir hier vor Ihren Augen eine Ohrfeige gibt.« Huschwadel erhob sich, ging in aller Ruhe auf die Bühne und sagte: »Schönen Gruß von Gott, für solche Banausen wie dich schickt Gott keinen Engel, das kann der Huschwadel auch besorgen!« Dann legte er dem Professor seine riesige Hand an die Backe. Und jeder im Saal konnte sich ausmalen, was mit dem Mann passiert wäre, wenn Huschwadel wirklich zugeschlagen hätte.

Die Toren sprechen in ihrem Herzen:
»Es ist kein Gott.« Sie taugen nichts;
ihr Treiben ist ein Gräuel;
da ist keiner, der Gutes tut.

PSALM 14,1

Überzeugend einfach — einfach überzeugend

Ein Mann mit einem schnellen Wagen überholt auf einer einsamen Straße einen alten Mann, der langsam auf seinem Esel den Weg entlangreitet. Er hält an und ruft dem Älteren zu: »Soll ich Sie mitnehmen, mein Auto hat 300 Pferdestärken und ist viele Male schneller als ihr Esel. Kommen Sie, steigen Sie ein, ich nehme Sie gerne mit.« »Nein, vielen Dank«, antwortet der Alte, »mir ist mein Esel lieber und ich mag es langsam!« Der Autofahrer gibt schneidig Gas, rast los, kommt in der nächsten Kurve von der schmalen Straße ab und saust mit seinem Wagen in einen flachen Tümpel neben der Straße. Bald darauf kommt der alte Mann auf seinem Esel vorbei und ruft dem Wagenbesitzer zu: »Was machen Sie denn da im Wasser, tränken Sie ihre dreihundert Pferde?«

Wenn einer zugrunde gehen soll,
wird sein Herz zuvor stolz; und ehe man zu
Ehren kommt, muss man demütig sein.

SPRÜCHE 18,12

Wann werden wir
endlich klug?

Einige Jäger charterten ein Flugzeug, das sie zur Büffeljagd bringen sollte. Nach einiger Zeit kam der Pilot mit seiner kleinen Maschine wieder, um die Jäger abzuholen. Als er die erlegten Tiere sah, meinte er, die Maschine könne höchstens einen der schweren Büffel mitnehmen, und riet, die anderen Tiere zurückzulassen. Die Jäger verhandelten mit dem Piloten und konnten ihn schließlich bewegen, zwei Tiere mit an Bord zu nehmen. So startete das kleine Flugzeug mit den Jägern und den zwei riesigen Büffeln. Der Pilot behielt Recht, er konnte mit der Last nicht genug Höhe gewinnen und prallte gegen einen nahe gelegenen Felsen. Die Jäger kletterten heraus und sahen sich um. Einer sagte zu den anderen: »Was meint ihr, wo wir uns befinden?« Die anderen sahen sich suchend um und einer meinte: »Ich glaube, wir sind zwei Meilen westlich von der Stelle, an der wir im letzten Jahr abgestürzt sind!«

*Wie ein Hund wieder frisst, was er
gespien hat, so ist der Tor,
der seine Torheit immer wieder treibt.*

SPRÜCHE 26,11

Eine Erscheinung

Es ist Sonntag zur besten Zeit. Die Gemeinde feiert Gottesdienst. Die Kirche ist mäßig besetzt. Der Pfarrer hält seine Predigt. Plötzlich bricht er ab und starrt oben in die Ecke des Kirchenraumes. Alle sind nun hellwach und blicken auf. Nach einer ganzen Weile fährt der Pfarrer mit seiner Predigt fort. Nach dem Gottesdienst bestürmen die Mitarbeiter ihren Pfarrer: »Was war denn los, dass Sie mitten in der Predigt unterbrachen?« – »Ach, nichts weiter, ich hatte eine Erscheinung.« – »Was für eine Erscheinung?« – »Das möchte ich lieber nicht sagen.«, wehrt der Pfarrer beschämt ab. Doch die Verantwortlichen wollen es nun wissen. Der Pfarrer vertröstet sie auf den nächsten Sonntag. In der folgenden Woche läuft es durch die Gemeinde: »Unser Pfarrer hatte eine Erscheinung!«

Am nächsten Sonntag ist die Kirche proppenvoll. Alle sind gespannt. Schließlich rückt der Pfarrer mit der Sprache heraus: »Ich hatte eine Alterserscheinung, ich hatte den Faden verloren und wusste nicht weiter.«

Verwirf mich nicht in meinem Alter,
verlass mich nicht, wenn ich schwach werde.

PSALM 71,9

Wer andern eine Grube gräbt

Ein Möbelgeschäft schickte einem Kunden, der seine neuen Möbel längst geliefert bekommen, aber noch immer nicht bezahlt hatte, einen Brief. Darin hieß es: »Lieber Herr Müller, was würden Ihre Nachbarn wohl sagen, wenn wir demnächst einen Möbelwagen zu Ihrem Haus schicken, um die Möbel, die sie immer noch nicht bezahlt haben, wieder abzuholen? Mit freundlichen Grüßen Ihr Möbelhaus N.N.«

Nach einigen Tagen bekam die Firma Antwort von Herrn Müller. Darin hieß es: »Sehr geehrte Damen und Herren, ich habe die Angelegenheit mit meinen Nachbarn besprochen, um von ihnen zu erfahren, was sie wohl darüber denken würden. Alle meine Nachbarn halten es für einen ganz gemeinen Trick einer schäbigen Firma! Mit freundlichen Grüßen Ihr Herr Müller.«

Wer eine Grube gräbt,
der kann selbst hineinfallen.

PREDIGER 10,8A

32

Ausgeladen

Ein Farbiger wünschte, in eine bekannte New Yorker Gemeinde aufgenommen zu werden. Als er dem Pfarrer seinen Antrag auf Mitgliedschaft unterbreitete, war der sehr reserviert: »Tja, da bin ich mir nicht sicher, ob das geht. Ich werde das mit den Verantwortlichen beraten. Und Ihnen schlage ich vor, dass sie auch noch mal mit Gott darüber reden, ob er Ihren Wunsch befürwortet.«

Nach einer Woche kam der Farbige wieder und meinte zum Pfarrer: »Ich habe Ihren Rat befolgt, Herr Pfarrer, und noch mal mit Gott über mein Anliegen gesprochen. Gott meinte: Bedenke, dass es sich um eine sehr exklusive Gemeinde handelt, du wirst dort kaum hineinkommen. Ich selbst versuche das schon seit vielen Jahren, aber bis jetzt ist es mir noch nicht gelungen!«

Das Ohr, das da hört auf heilsame Weisung,
wird unter den Weisen wohnen.

SPRÜCHE 15,31

Eins mit sich und Gott?

Susi ist acht Jahre alt. Sie kommt eines Tages aus der Schule, schmeißt ihren Ranzen in die Ecke und heult Rotz und Wasser. Die Mutter ist ganz besorgt und fragt nach. – »Heute haben mich alle Kinder ausgelacht, weil ich so feuerrote Haare und dicke Sommersprossen habe!« Die Mutter nimmt Susi fest in den Arm, drückt sie an sich, trocknet ihre Tränen und will die Kleine trösten: »Susi, ich habe dich lieb, so wie du bist, mit deinen Haaren und den lustigen Sommersprossen. Und das will ich dir sagen: Gott hat dich sooo schön gemacht!« Doch Susi antwortet unter Tränen: »Gell Mutti, bei dem lassen wir aber nichts mehr machen!«

Herr, wie sind deine Werke so groß und viel!
Du hast sie alle weise geordnet,
und die Erde ist voll deiner Güter.

PSALM 104,24

Keine Ausnahme

Der Papst besucht den Westen der USA. Nach anstrengenden Vorträgen, Messen, Empfängen und Begegnungen möchte der Papst einen freien Tag haben. Er bittet seinen Chauffeur, eine große, neutrale Limousine zu mieten und ihn in die einsamen Weiten des Westens zu fahren. Endlos zieht sich die Straße, kaum ein Auto begegnet ihnen. Da möchte der Papst auch mal ans Steuer, das Fahren genießen und den Fahrtwind spüren. Der Chauffeur nimmt hinten Platz, der Papst fährt los und findet immer mehr Gefallen am Dahingleiten. Der Zwölfzylindermotor schnurrt wie ein Kätzchen und im Nu ist die Höchstgeschwindigkeit überschritten. Dem Papst bereitet es sichtlich Freude, einmal so unbeobachtet und entspannt zu sein. Wie es das Unglück will, kommt ihnen eine Polizeistreife entgegen. Der Cop dreht um, verfolgt und stoppt die Limousine. Als er an die Fahrertür tritt und die Scheibe heruntersaust, bekommt er doch einen Schreck. Er geht zurück zu seinem Wagen und spricht mit der Zentrale. »Hallo, Zentrale, ich habe hier eine hochgestellte Persönlichkeit beim Zuschnellfahren erwischt, was soll ich machen?« – »Bußgeld verhängen, es gibt keine Ausnahmen, vor dem Gesetz sind alle Menschen gleich!« – »Aber das ist eine sehr hochstehende Person!« – »Und wenn es Bill Gates oder Bill Clinton, der Gouverneur oder sonst wer ist, es gibt keine Ausnahme!« – »Noch höher, viel höher«, meint der Cop. »Aber wer soll das denn sein?« – »Ich weiß es auch nicht, aber sein Chauffeur ist der Papst persönlich!«

Wer der Gerechtigkeit und Güte nachjagt,
der findet Leben und Ehre.

SPRÜCHE 21,21

Alt und Jung

Ein älterer Herr, schon im Metallzeitalter – Silber im Haar, Gold im Mund und Blei in den Knien – kommt mit seinem großen Auto in die Innenstadt und versucht vergeblich, in eine Parklücke zu gelangen. Er probiert es vorwärts, rückwärts, seitwärts. Aber der Wagen ist zu groß, die Lücke zu klein, der Mann zu ungeschickt. Da kommt ein junger Kerl mit einem schneidigen Sportwagen, saust in die Lücke, als wäre es nichts, springt aus seinem Flitzer und sagt zu dem älteren Herrn: »Jung und flott muss man sein!« In dem Älteren beginnt es zu kochen und als der Siedepunkt erreicht ist, setzt er sich in seinen großen Wagen und fährt den Sportwagen von der Seite wie eine Ziehharmonika zusammen, steigt aus und meint: »Alt und reich muss man sein!«

Ein Tor zeigt seinen Zorn alsbald;
aber wer Schmähung überhört, der ist klug.

SPRÜCHE 12,16

Entlarvt

Onkel Tom hatte ein schwaches Herz, und der Arzt hatte ihm jede Aufregung verboten. Als seine Familie nun darüber informiert wurde, dass ihr Onkel von einem entfernten Verwandten die unglaubliche Summe von einer Milliarde Dollar geerbt habe, machte sie sich ernsthaft Sorgen. Sie zögerte, Onkel Tom diese Nachricht zu überbringen, aus Furcht, er könnte vor Freude und Erregung einen Herzanfall erleiden.

Die Verwandten baten den örtlichen Pfarrer um Hilfe. Und der versicherte, er werde es Onkel Tom ganz vorsichtig und schonend beibringen. Pastor Murphy besuchte also Onkel Tom, plauderte mit ihm über dies und das und fragte dann so nebenbei: »Sagen Sie, mein lieber Tom, wenn Ihnen Gott in seiner großen Güte, sagen wir mal nur so als Beispiel, eine Milliarde Dollar zukommen ließe, was würden Sie damit wohl anfangen?« Onkel Tom überlegte in aller Ruhe und meinte dann: »Die Hälfte würde ich Ihnen für Ihre Gemeinde geben.« Als Pastor Murphy das hörte, bekam er einen Herzanfall.

Fällt euch Reichtum zu,
so hängt euer Herz nicht daran.

PSALM 62,11B

Ganz und gar großzügig

Einige Männer relaxen in der Sauna. Sie plaudern über dies und das und alles andere, als ein Handy losgeht.

Einer der Männer geht dran. – »Hallo Schatz, ich bin hier gerade in einer wunderbaren Boutique, da gibt es einen Nerzmantel zu einem unglaublichen Preis. Was meinst du, den kann ich mir doch kaufen?« Der Mann stutzt, überlegt kurz und meint dann: »O. K., Liebling, kauf ihn dir!« – »Oh, danke, du bist einfach großzügig. Übrigens, auf dem Weg hierher habe ich bei Porsche das neue Coupé gesehen mit dieser unglaublichen Sonderausstattung, nur vom Feinsten. Ich will ja nicht unverschämt sein, aber es kostet nur 95 000!« – »Na ja, wenn es so günstig ist und dir gefällt, dann kauf es!« – »Vielen Dank, mein Schatz. Apropos, erinnerst du dich an das Traumhaus an der Côte d'Azur, das mit dem herrlichen Ausblick, das verkaufen sie jetzt für nur 2 Millionen, das wäre doch ein echtes Schnäppchen!« – »Na gut, kauf auch das Haus!« – »Liebster, das ist der schönste Tag meines Lebens. Ich liebe dich. Bis heute Abend.« – »Bis heute Abend.«

Der Mann legt auf, blickt auf das Handy, lächelt still in sich hinein, winkt mit dem Funktelefon und ruft: »Wem gehört dieses Handy?«

Besser einer Bärin begegnen,
der die Jungen geraubt sind,
als einem Toren in seiner Torheit.

SPRÜCHE 17,12

Eingeladen

Ein Lehrer nimmt im Religionsunterricht in der 4. Klasse die Geschichte von der Hochzeit zu Kana durch. Er erklärt den Kindern, wie damals zur Zeit Jesu eine Hochzeit gefeiert wurde, wie sich die Familien durch eine ganze Woche Festlichkeiten mit vielen Gästen hoch verschuldeten, aber alle ihre Ehre dareinsetzten, die Gäste gut und reichlich zu bewirten. Er macht deutlich, welch eine Katastrophe es bedeutete, dass der Wein ausging, und wie verwunderlich es war, dass Jesus, der auch zur Hochzeit eingeladen war, in dieser großen Verlegenheit 300 Liter Wasser in den allerbesten Wein verwandelte. Um das etwas Anstößige daran aus den Kindern herauszulocken, fragt er in die Klasse: »Was haben die Leute damals wohl gedacht, als Jesus so viel Wein für die Leute machte?« Ein Junge meldet sich und meint: »Die Leute damals haben sicher gedacht: Den laden wir auch mal ein!«

*Und am dritten Tage war eine Hochzeit
zu Kana in Galiläa. Jesus aber und seine Jünger
waren auch zur Hochzeit geladen.*

JOHANNES 2,1A.2

Weihnachtsgeld

Eine bitterarme Frau schreibt in ihrer Not vor Weihnachten einen Brief an Gott. Darin bittet sie flehentlich, Gott möge ihr doch etwas Geld, nur einhundert Euro, schicken, damit sie sich einige kleine Wünsche erfüllen und ein besinnliches Weihnachtsfest feiern könne. Zu ihren ganz herzlichen Grüßen fügt sie ihre vollständige Adresse an. Auf den Umschlag aber schreibt sie: An den lieben Gott – Abteilung Finanzen. Vermutlich durch einen humorvollen Postmenschen landet der Brief schließlich beim Finanzamt.

Die Mitarbeiter des Amtes sind von der Armut und Glaubenseinfalt der Frau so angerührt, dass sie in ihrer Abteilung spontan eine Sammlung veranstalten. Die Spenden ergeben zusammen siebzig Euro und die schicken sie, mit herzlichen Grüßen von Gott, übermittelt durch das Finanzamt, an die Frau. Die alte Dame freut sich riesig über die herzlichen Zeilen und das Geld. Sofort schreibt sie einen Dankesbrief, sie habe sich sehr über die Gabe gefreut und sei überglücklich. Doch in Zukunft bitte sie darum, das

Geld nicht über das Finanzamt zu senden, denn die Spitzbuben dort hätten gleich dreißig Euro an Steuern einbehalten.

Wer sich des Armen erbarmt, der leiht
dem Herrn, und der wird ihm vergelten,
was er Gutes getan hat.

SPRÜCHE 19,17

Ein Medikament für den Sonntag

Ein Pfarrer schreibt im Gemeindeblatt einen offenen Brief:

Sehr geehrter Herr Bayer!
Sie stellen Aspirin her, das gegen Schmerzen, Erkältung und Fieber wahre Wunder wirkt. Die Wirkstoffe Ihrer Tablette erlauben es den Menschen, das Bett zu verlassen und Kopfschmerzen, Muskelkrämpfe und Müdigkeit zu überwinden. Ihr Mittel wirkt, wie ich feststellen konnte, ausgezeichnet am Montag, Dienstag, Mittwoch, Donnerstag, Freitag und vor allem am Samstag. Nur am Sonntag hilft es gar nicht. Da werden die Leute ihre Schmerzen und Leiden nicht los und können daher auch nicht zum Gottesdienst kommen. Könnten Sie Ihr Mittel nicht noch einmal überprüfen und etwas hineintun, das auch an Sonntagen verlässlich wirkt?

Mit freundlichen Grüßen
Ihr Pfarrer N.

Lasst uns die Hauptsumme aller Lehre hören:
Fürchte Gott und halte seine Gebote;
denn das gilt für alle Menschen.

PREDIGER 12,13

Tödlicher Irrtum

Ein Mann kommt mit einer großen seelischen Not zu einem Psychiater. »Jeden Abend vor dem Schlafengehen sehe ich unter meinem Bett eine riesige Schlange und ich bekomme furchtbare Angstzustände. Können Sie mir irgendwie helfen?«

Der Psychiater lächelt milde und rät: »Jeden Abend, bevor sie ins Schlafzimmer gehen, sagen sie laut: Da ist keine Schlange, nein, da ist gar keine Schlange! Nach vierzehn Tage ist das sicher vorbei und dann kommen sie noch mal zu mir!« Als nach längerer Zeit der Patient nicht wiederkommt, erkundigt sich der Therapeut. Am Telefon meldet sich eine Fremder und erklärt: »Der Herr Schulze, der hier vor mir wohnte, lebt leider nicht mehr, der ist von einer riesigen Schlange gebissen worden, die unter seinem Bett lag.«

Weisheit ist einem Toren zu hoch,
er darf seinen Mund im Rat nicht auftun.

SPRÜCHE 24,7

Brot und Butter

Ein Bäcker bezog vom Bauern Butter und lieferte dafür an den Bauern Brot. Nun schien es eines Tages dem Bäcker, dass die Butterstücke, die drei Pfund wiegen sollten, immer leichter würden. Seine Waage gab ihm recht und er verklagte den Bauern.

In der Gerichtsverhandlung meinte der Richter zum Bauern: »Ihre Butterstücke haben nicht das vereinbarte Gewicht von drei Pfund!« – »Das ist ausgeschlossen, Herr Richter, ich habe die Butter genau abgewogen!« – »Vielleicht stimmen Ihre Gewichte nicht«, meinte der Richter. Der Bauer war erstaunt: »Was für Gewichte, ich habe keine Gewichte!« – »Aber womit wiegen sie denn?« – »Das ist ganz einfach, Herr Richter, und auch gerecht. Sehen Sie, ich bekomme mein Brot vom Bäcker, so wie er meine Butter von mir. Und so ein Laib Brot wiegt drei Pfund. Nun, da leg ich sein Brot auf die eine Seite der Waage und auf die andere Seite meine Butter und tariere es genau aus.« Sprach's und zog ein »Dreipfundbrot« aus dem Beutel. Der Richter wog nach, und die Butter war haargenau so schwer wie das Brot. Der Richter lachte, der Bauer lächelte und der Bäcker grollte. Der Bauer wurde freigesprochen und der Bäcker mit seiner Klage abgewiesen.

Falsche Waage ist dem Herrn ein Gräuel;
aber ein volles Gewicht ist sein Wohlgefallen.

SPRÜCHE 11,1

Der perfekte Pfarrer

Liebe Gemeindemitglieder!

Der perfekte Pfarrer predigt genau zwölf Minuten, er verdammt die Sünde rundum, tut aber niemandem weh. Er arbeitet von morgens acht Uhr bis Mitternacht und ist auch Hausmeister der Gemeinderäume.

Der perfekte Pfarrer verdient nicht viel, ist sehr gut angezogen, fährt ein neues Auto, kauft viele gute Bücher und gibt den Zehnten für die Gemeinde. Er ist 29 Jahre alt und hat eine vierzigjährige Erfahrung. Vor allem sieht er gut aus.

Der perfekte Pfarrer kümmert sich sehr um die Jugend und verbringt die meiste Zeit mit älteren Menschen. Er lächelt stets mit ernstem Gesicht. Er macht täglich sieben Hausbesuche und ist immer in seinem Büro erreichbar, wenn man ihn braucht.

Der perfekte Pfarrer hat immer Zeit für alle Gruppen, nichts geht ohne ihn im Kindergarten und er ist ständig im Seniorenheim präsent.

Der perfekte Pfarrer wohnt immer in der Nachbargemeinde!

Ihnen allen herzliche Grüße
Ihr nicht so perfekter Pfarrer M.

PS: Sollten Sie im Gemeindebrief einen Druckfehler finden, bedenken Sie, dass er beabsichtigt ist. Es gibt immer Leute, die nur nach Fehlern suchen. Und unser Gemeindebrief möchte für jeden etwas bieten!

Denn es ist kein Mensch so gerecht auf Erden,
dass er nur Gutes tue und nicht sündige.

PREDIGER 7,20

Vorurteile

Ganz in der Nähe eines berüchtigten Nacht-
clubs sind drei Straßenarbeiter auf einer Bau-
stelle beschäftigt. Sie können genau sehen, wer
so alles den Club aufsucht. Ein stadtbekannter
Politiker geht in das anrüchige Haus. »Na ja, was
kann man von denen schon erwarten!«, entrüstet sich der erste Arbeiter. Dann müssen sie sehen, wie der Rabbi das Haus betritt. »Das hätte
ich nicht gedacht«, meint der zweite. Schließlich
sehen sie einen buddhistischen Mönch in den
Club gehen. »Schau an, die sind auch nicht besser«, empört sich der dritte. Und dann sehen sie
den katholischen Priester ihrer Ortsgemeinde
sein Gesicht verdeckend in das Haus schleichen.
»Ist das nicht schrecklich«, sagen alle drei, »eines
der Mädchen muss im Sterben liegen, dass unser
Priester kommen muss.«

*Wer den Schuldigen gerecht spricht
und den Gerechten schuldig, die sind beide
dem Herrn ein Gräuel.*

SPRÜCHE 17,15

Wasserkraft

Ein Lehrer spricht im Sachkundeunterricht mit den Kindern über die Wasserkraft. Anschaulich lernen sie, wie früher ein Bach das Mühlrad antrieb, damit der Müller das Getreide zu Mehl verarbeiten konnte. Reißende Gebirgsströme bewegten mit ihrer Wasserkraft die riesigen Sägen in den Sägewerken. Dann wurde die Dampfmaschine erfunden und die Heißdampflokomotiven zogen Güter- und Personenzüge durch die Welt. Stauseen wurden gebaut und mit der Wasserkraft trieb man mächtige Turbinen an und erzeugte Strom.

Die Kinder sind erstaunt über die vielfältige Nutzung der Wasserkraft und ihre Bedeutung für das Leben. Als der Lehrer in einer folgenden Stunde den Stoff noch einmal abfragen und erinnern möchte, fragt er in die Klasse: »Wer von euch kann mir ein besonders eindrückliches Beispiel von Wasserkraft nennen?« Da meldet sich ein richtiger Pfiffikus und meint: »Wenn meine Mutter so lange heult, bis ihr mein Vater das neue Kleid doch kauft!«

Es ist besser, zu gebrauchen, was vor Augen ist,
als nach anderm zu verlangen.
Das ist auch eitel und Haschen nach Wind.

PREDIGER 6,9

Wie das Wunder geschah

An der Theologischen Fakultät der Universität von Oxford wurden vor langer Zeit Examensarbeiten über die Wundergeschichten aus dem Johannesevangelium geschrieben. Die angehenden Theologen sollten über die Bedeutung des Wunders auf der Hochzeit zu Kana schreiben, auf der Jesus so viel Wasser in den allerbesten Wein verwandelt hatte. Vier Stunden hatten die Studenten Zeit, und alle schrieben eifrig Seite um Seite, was sie über diese Wundertat an Einsichten und Erkenntnissen gewonnen hatten. Nur ein Student saß bis zuletzt regungslos da, sinnierte vor sich hin und hatte noch kein Wort zu Papier gebracht. Der Dozent mahnte ihn, als es Zeit zum Abgeben war, doch wenigstens etwas zu schreiben. Der junge Mann nahm seinen Stift und schrieb nur einen Satz: »Das Wasser in den Krügen erkannte Jesus, den Erlöser, wurde ganz rot vor Liebe und verwandelte sich in den Wein der Freude!«

*So halten wir nun dafür, dass der Mensch
gerecht wird ohne des Gesetzes Werke,
allein durch den Glauben.*

RÖMER 3,28

Enttäuscht

Voller Freude läuft der Vater in das Kinderzimmer. »Mein Junge«, ruft er mit strahlendem Gesicht, ein Engelchen ist hier gewesen und hat ein wunderschönes Baby in Muttis Bett gelegt. Willst du dir das süße Baby einmal ansehen?«

Der Junge hebt gelangweilt den Kopf und meint: »Kleine Babys habe ich schon mal gesehen. Das ist doch nichts Besonderes. Aber das Engelchen hätte ich mir gerne einmal angesehen, wenn du mir rechtzeitig Bescheid gesagt hättest!«

Ein Mann wird gelobt nach seiner Klugheit;
aber wer verschrobenen Sinnes ist,
wird verachtet.

SPRÜCHE 12,8

Drei gute Gründe

Morgens klopft ein Vater an die Tür seines Sohnes und ruft: »Jim, steh bitte auf. Es ist höchste Zeit für die Schule!« Jim dreht sich im Bett herum und ruft zurück: »Ich will nicht aufstehen, Papa!« Der Vater klopft fester und ruft lauter: »Steh jetzt endlich auf, du musst doch in die Schule!« – »Ich will nicht in die Schule gehen!« – »Warum denn nicht?« – »Aus drei Gründen«, ruft Jim. »Erstens ist es so langweilig, zweitens ärgern mich die Kinder und drittens kann ich die Schule nicht mehr ausstehen!«

»Dann will ich dir mal drei Gründe nennen, aus denen du unbedingt in die Schule musst«, antwortet der Vater. »Erstens ist es dein Beruf, zweitens bist du 45 Jahre alt und drittens bist du der Klassenlehrer!«

Wie lange liegst du, Fauler!
Wann willst du aufstehen von deinem Schlaf?

SPRÜCHE 6,9

Der wertvolle Knopf

Schleiermacher war als junger Theologe Hauslehrer bei einem reichen, aber knauserigen Gutsbesitzer in Ostpreußen. Zu seinen Aufgaben gehörten auch die Gottesdienste in der kleinen Dorfkirche. Eines Tages suchte ihn die Gutsherrin auf, um mit ihm den bevorstehenden Erntedankfestgottesdienst zu besprechen. Auf dem Tischchen, an dem sie saßen, stand eine kleine Schale mit allerlei Münzen und einem großen Knopf. Die Gräfin schaute immer wieder auf die Schale und meinte schließlich: »Der wertvolle Knopf sieht genau so aus wie der Knopf, den mein Mann von seinem Lodenmantel verloren hat und den ich seit einigen Tagen vermisse.« Schleiermacher antwortete höflich: »Sie können ihn gern mitnehmen, mir gehört er nicht. Er lag am vergangenen Sonntag in der Kollekte!«

Ein guter Ruf ist köstlicher als großer Reichtum und anziehendes Wesen besser als Silber und Gold.

SPRÜCHE 22,1

Gespräch auf dem Boulevard

Zwei reiche Ladies treffen sich auf dem Boulevard: »Wie geht es Ihnen und was macht eigentlich Ihr Herr Sohn?« – »Oh, mir geht es gut und mein Sohn ist Rechtsanwalt in einer der größten Kanzleien der Stadt. Er verdient viel Geld und kümmert sich rührend um mich. Er ruft mich jede Woche an und erfüllt mir alle meine Wünsche!

Und wie geht es Ihnen? Was macht denn Ihr Sohn so?« – »Oh, mir geht es auch sehr gut, und mein Sohn, der ist ein richtiger Lebenskünstler. Er geht zweimal die Woche zum berühmtesten Psychiater der Stadt. Und was meinen Sie, worüber er für einhundert Dollar die Stunde mit ihm spricht: über mich!«

Wie einem Gelähmten das Tanzen,
so steht dem Toren an, von Weisheit zu reden.

SPRÜCHE 26,7

Küche, Kirche, Kinder

In der Vorweihnachtszeit möchte der kleine Tobias seiner Mutter in der Küche helfen. Beim Ausräumen der Spülmaschine greift er unglücklich in ein scharfes Messer und aus dem Finger blutet es heftig. Tobias schreit und die Mutter drückt schnell ein sauberes Tuch auf die Wunde. Aber der Junge will sich gar nicht beruhigen und trösten lassen. Die Mutter redet dem Jungen zu: »Gleich hört es auf zu bluten und der Schmerz lässt nach, du bekommst einen schönen weißen Verband und Gott wird helfen, dass es heilt!« Noch schluchzend fragt Tobias nach: »Muss ich zu ihm rauf oder kommt er zu mir runter?« – »Nein, Weihnachten feiern wir doch die Geburt Jesu, und am Heiligen Abend zeige ich dir Gottes Haus.«

Weihnachten gehen sie alle zusammen in die Kirche und beim festlichen Abendessen danach betet Tobias: »Lieber Gott, ich war heute in deinem Haus, ich muss sagen, du wohnst sehr schön!«

Als er nach einem langen, fröhlichen Abend schlafen geht, ruft er ins Wohnzimmer zu seinen

Eltern: »Ich spreche gleich mein Abendgebet, braucht ihr noch irgendetwas?«

Wenn ihr nicht umkehrt und werdet wie die Kinder, so werdet ihr nicht ins Himmelreich kommen.

MATTHÄUS 18,3

Probleme gibt es nicht

Hochrangige Führungskräfte aus Wirtschaft und Industrie kommen in einem großen Hotel zu einem Seminar über positives Denken zusammen. Das Motto der Tagung steht in riesigen Buchstaben über der Hotelrezeption: »Es gibt keine Probleme – nur Chancen!«

Ein Manager kommt nach dem Einchecken an die Rezeption zurück und meint: »Entschuldigen Sie bitte, ich habe ein Problem!« Der Empfangschef antwortet ganz freundlich: »Wir kennen keine Probleme, nur Chancen!« – »Nennen Sie es, wie Sie wollen, in dem mir zugeteilten Zimmer wohnt schon eine Dame!«

Wer antwortet, ehe er hört,
dem ist's Torheit und Schande.

SPRÜCHE 18,13

Mit Oma in der Kirche

Endlich kann die Oma ihre Enkeltochter über-
reden, einmal mit ihr zur Messe zu gehen. Die
kleine Sabine ahnt nichts Gutes. Die Kirche ist
groß, aber nur mäßig besetzt, sie ist düster und
riecht nach Altertum. Während der langen Got-
tesdiensthandlung schaut sich Sabine um und ihr
Blick bleibt immer wieder an dem roten Licht an
der Wand neben dem Altar hängen. Das ewige
Licht leuchtet sehr schön. Als die Zeremonie
kein Ende nehmen will, wird Sabine doch un-
geduldig und flüstert der Oma zu: »Wann wird
es endlich grün, dass wir gehen können?«
Nach diesen Erfahrungen ist Sabine erst am
Heiligen Abend bereit, wieder mit ihrer Oma in
die Kirche zu gehen. Diesmal ist alles anders. Die
Kirche ist voller Menschen, viele Kinder sind dabei, die Kirche ist hell erleuchtet und wunder-
schön geschmückt und auch eine große Krip-
penlandschaft ist aufgebaut. Es gibt so viel zu
sehen, zu riechen und zu hören. Nun betritt ein
junger Mönch in seiner braunen Kutte die Kanzel und beginnt eine feurige Predigt. Mit lauter
Stimme und gewaltigen Gesten verkündigt er

das Weihnachtsevangelium. Er steigert sich in seiner Begeisterung, und mit ausladenden Bewegungen und einladenden Worten spricht er zu den vielen Menschen. Er wird immer heftiger, reißt seine Hände empor, beugt sich über die Brüstung. Dabei löst sich die weiße Kordel, die sein weites Mönchsgewand zusammenhält. Als das Sabine sieht, ruft sie erschrocken der Oma zu: »Jetzt nichts wie weg, er hat sich losgerissen!«

Bleibe in der Unterweisung,
lass nicht ab davon;
bewahre sie, denn sie ist dein Leben.

SPRÜCHE 4,13

Frag nur weiter

»Papa, was ist ein Vakuum?« – »Tja, mein Junge, ein Vakuum: Ich hab's im Kopf, aber ich kann es dir nicht sagen!«

»Papa, was ist eigentlich ein VIP?« – »Ein VIP, das ist was Englisches und heißt very impotent person; aber das verstehst du noch nicht.«

»Papa, was bedeutet paradox?« – »Paradox, das ist, was eigentlich gar nicht geht, zum Beispiel, wenn sich einer mit dem Hintern brüstet.«

»Papa, was sind Unterlassungssünden?« – »Das werden wohl die Sünden sein, die wir weggelassen haben.«

»Papa, was bedeutet radikal?« – »Radikal, das kommt aus Lateinamerika und ist wohl so ein scharfes Radieschen.«

»Papa, nerve ich dich auch nicht mit meinen vielen Fragen?« – »Aber nein, mein Junge, frag nur weiter, dass du was lernst!«

Wie Schnee zum Sommer und Regen zur Ernte,
so reimt sich Ehre zum Toren.

SPRÜCHE 26,1

Was wir so alles anhaben

Karlchen darf das erste Mal allein verreisen. Er möchte seine Großeltern für ein paar Tage besuchen. Mit großen Erwartungen fährt er hin. Und völlig frustriert kehrt er zurück. »Nie wieder fahre ich zu den Großeltern«, sagt er zu seiner Mutter. »Du glaubst ja nicht, wie langweilig das dort war. Oma und Opa sitzen abends im Wohnzimmer auf dem Sofa und haben nichts an!« Ganz erschrocken fragt die Mutter nach: »Haben nichts an?« – »Nein, sie haben einfach nichts an: kein Radio, kein Fernsehen, kein Video, keine CD, keine DVD, keinen PC, keinen Gameboy, nichts!«

Besser wenig mit der Furcht des Herrn
als ein großer Schatz, bei dem Unruhe ist.

SPRÜCHE 15,16

Immer mit der Ruhe

An einem noch recht kalten Tag im späten Frühling begann eine Schnecke, den Stamm eines Kirschbaumes hinaufzuklettern. Ganz langsam, Zentimeter für Zentimeter kroch sie nach oben. Die Spatzen im Nachbarbaum wollten sich kaputtlachen über die langsame Schnecke. Ein Spatz flog nahe an die Schnecke heran und piepste ihr zu: »He, du Dummerchen, siehst du nicht, dass an dem Kirschbaum gar keine Früchte sind?« Die Schnecke ließ sich überhaupt nicht beeindrucken und antwortete gelassen: »Immer mit der Ruhe, bis ich oben bin, sind Früchte dran!«

Lass deinen Fuß auf ebener Bahn gehen,
und alle deine Wege seien gewiss.

SPRÜCHE 4,26

Nur den rechten Anstrich

Um 1740 suchte eine Gräfin für ihren Jungen einen Erzieher. Man empfahl ihr den später berühmt gewordenen Dichter Gellert. Die Gräfin ließ den jungen Gelehrten kommen und war beeindruckt von dessen tiefer Frömmigkeit und großer Klugheit. So machte sie ihm ein Angebot mit großzügiger Vergütung und stellte auch sonst sehr angenehme Bedingungen. Doch zum Schluss sagte sie: »Sie genießen wegen Ihrer Gelehrsamkeit den besten Ruf. Machen Sie aber bitte aus meinem Sohn keinen Gelehrten. Ich verlange nichts weiter als einen leichten Anstrich von Sprachen, Geographie und Geschichte. Sie genießen wegen Ihrer Frömmigkeit den besten Ruf. Machen Sie aber bitte aus meinem Sohn keinen ständig betenden Christen. Es genügt, wenn mein Junge die zehn Gebote kennt und sonntags in die Kirche geht. Verstehen Sie mich recht, ich verlange von allem nur den rechten Anstrich!«

Gellert erwiderte ihr: »Gnädige Frau, wenn das Ihr Ernst ist, rate ich Ihnen zu einem Anstreicher!«, empfahl sich und ging.

Habt Acht auf eure Frömmigkeit,
dass ihr die nicht übt vor den Leuten,
um von ihnen gesehen zu werden.

MATTHÄUS 6,1A

Wer macht die Musik?

Eine große Mäusefamilie hatte sich in einem Klavier gemütlich eingerichtet. Ihr schönes Zuhause war dann und wann von wunderbarer Musik erfüllt. Die Mäuse lauschten andächtig den herrlichen Klängen und fragten sich, von wem die fröhlichen Melodien wohl stammten. Sie dachten an einen Klavierspieler, den sie zwar nicht sehen konnten, der ihnen jedoch hörbar nahe sein musste.

Eines Tages wagte sich eine Maus weiter nach oben in das Klavier. Und da entdeckte sie das Geheimnis der Musik. Metalldrähte von unterschiedlicher Länge zitterten und durch ihre Schwingungen entstanden die Töne. So mussten die Mäuse ihren alten Glauben an einen Klavierspieler aufgeben. Schlichte Metalldrähte erzeugten die schöne Musik.

Später brachte eine andere Maus noch neuere Erkenntnisse mit. Kleine Filzhämmerchen tanzten auf den Drähten, erzeugten die Schwingungen und damit die Musik. Nun war der alte Glaube vollends überholt und die Mäuse lebten in einer aufgeklärten, wissenschaftlich durchschaubaren Welt.

Aber der Klavierspieler machte auch weiterhin seine wunderbare Musik.

*Der Herr schaut vom Himmel auf die
Menschenkinder, dass er sehe,
ob jemand klug sei und nach Gott frage.*

PSALM 14,2

Glückliches Ende

Ein Vater hat seinem Jungen zum Geburtstag einen Hund versprochen. Gemeinsam gehen sie zum Züchter, wo sich der Junge den Hund selbst aussuchen darf. Vater und Sohn betrachten den Wurf Hunde und der Vater fragt den Jungen, welchen von den Kleinen er haben möchte. Der Junge schaut die süßen Winzlinge genau an. Einer ist herziger und knuffiger als der andere, einer ist so gefleckt, der nächste anders. Er kann sich lange nicht entscheiden. Schließlich sieht er eines der Hündchen besonders heftig mit dem Schwanz wedeln. Spontan deutet der Junge auf diesen Hund und ruft: »Den mit dem glücklichen Ende, den nehmen wir!«

Höre, mein Sohn, und sei weise
und richte dein Herz auf den rechten Weg.
SPRÜCHE 23,19

Zweierlei Maß

Eine kleine Anekdote erzählt von einer Mutter, die eines Tages eine gute Schulfreundin wiedertrifft. Sie haben sich viel zu erzählen, und dann fragt die Freundin sie nach ihren Kindern: »Wie geht es deiner Tochter?«

»Oh, meiner Tochter, der geht es wunderbar. Sie hat einen guten Mann gefunden und ist überaus glücklich. Der Mann hat ihr ein eigenes Auto gekauft und eine Putzfrau für das große Haus eingestellt. Sie bekommt allen Schmuck, den sie sich wünscht, und ihr Mann liest ihr jeden Wunsch von den Augen ab. Denk dir, sie steht vor Mittag nicht auf und ihr Mann bringt ihr sogar das Frühstück ans Bett. Meine Tochter ist so glücklich!«

»Und wie geht es deinem Sohn?«, fragt die Freundin dann.

»Ja, mein Sohn hat großes Pech gehabt. Stell dir vor, was der für eine Schlampe als Frau hat. Obwohl er ihr ein eigenes Auto gekauft und für das große Haus eine Putzfrau eingestellt hat, hat sie immer neue Wünsche und will teuren Schmuck. Als Dank schläft sie bis Mittag und mein Sohn soll ihr sogar noch das Frühstück ans Bett bringen. So eine Unverschämtheit!«

Zweierlei Maß ist dem Herrn ein Gräuel.

AUS SPRÜCHE 20,10

Was Mensch ist

Ein Bauer ist zu einem Festessen in der Stadt eingeladen. Verwundert erlebt er die heiße Schlacht am kalten Büfett. Er sieht, wie die feinen Herrschaften sich die Teller füllen und einfach zu essen beginnen. Er bedient sich auch, setzt sich zu Tisch und spricht erst ein Dankgebet. Sein vornehmer Nachbar lächelt milde und sagt: »Seid ihr auf dem Land noch so altmodisch, dass ihr zu Tisch betet?« – »Nein, nicht alle!«, erwidert der Bauer. »Sicher nur die Alten und Rückständigen«, fragt der Mann weiter. »Das nicht«, meint der Bauer, »ich habe im Stall zwanzig Säue und hundert Ferkel, die fressen alle so, aber was bei uns Mensch ist, dankt Gott für die guten Gaben!«

Danket dem Herrn; denn er ist freundlich, und seine Güte währet ewiglich.

PSALM 106,1

Der Habicht und die Schildkröte

Der Habicht und die Schildkröte waren schon lange gut befreundet. Doch eines Tages sagte der Habicht zu seiner Freundin: »Es ist wirklich schade, dass du so klein und langsam bist. Wenn zum Beispiel meine Mutter plötzlich stirbt, kannst du unmöglich rechtzeitig zum Leichenschmaus da sein.« Die Schildkröte antwortete: »Viel wichtiger als Größe, Kraft und Schnelligkeit ist der Verstand im Leben. Sage mir also Bescheid, wenn deine Mutter das Zeitliche segnet, und ich werde sogleich bei dir sein.«

Der Habicht lächelte milde, sagte aber nichts. Bald darauf starb seine Mutter, und der Habicht schickte den Geier mit der Trauernachricht zur Schildkröte. Die dankte herzlich für die Botschaft und bat den Geier: »Fliege zum Habicht und sage ihm, ich käme bald. Komm bitte noch einmal her, ich will inzwischen einige Geschenke für ihn einpacken. Solltest du mich dann nicht mehr antreffen, nimm diese Tasche mit, da wird alles drin sein.«

Der Geier berichtete dem Habicht, was die Schildkröte gesagt hatte. Der Habicht war ganz traurig und jammerte: »Ach, die Arme kommt sicher nicht rechtzeitig. Wenn sie auch meint, der Verstand wäre wichtiger als Größe, Kraft und Schnelligkeit: Das sind nur schöne Worte. Dann will ich wenigstens ihre Geschenke sehen. Bringe mir also die Tasche, von der sie zu dir gesprochen hat.«

Der Geier flog wieder zur Schildkröte, fand in ihrer Höhle die Tasche und brachte sie dem Habicht. »Siehst du«, sagte der Habicht traurig zum Geier, »die Schildkröte ist noch nicht da. Ich wusste, dass sie nicht rechtzeitig kommen würde.«

Er hatte noch nicht ausgeredet, als die Schildkröte ihren Kopf aus der Tasche reckte und sagte: »Bist du nun überzeugt, dass der Verstand wichtiger ist als alles andere im Leben?«

Es gibt Gold und viel Perlen;
aber ein Mund, der Vernünftiges redet,
ist ein edles Kleinod.

SPRÜCHE 20,15

Gewusst wie!

Ein Gastwirt stand kurz vor der Pleite. Obwohl er alles tat, was in seinen Kräften stand, wollte die Wirtschaft keinen Gewinn abwerfen. Er hatte seine Gaststube gemütlich eingerichtet, die Bedienung war freundlich, Getränke und Speisen gut und die Preise niedrig. Aber es kamen kaum Gäste. Die Konkurrenz war groß und der Erfolg ganz klein.

In seiner Not suchte der Gastwirt bei einem weisen Mann Rat. Der Weise riet ihm, sein Gasthaus umzubenennen. »Du musst dein Haus DIE SIEBEN GLOCKEN nennen und über der Tür sechs Glocken aufhängen. Du sollst mal sehen, wie der Laden dann läuft!« – »Und warum soll es dann besser gehen?«, fragte der Wirt irritiert zurück. – »Nichts kann die Menschen mehr erfreuen, als wenn sie einem anderen einen Fehler zeigen können. Die Leute werden das Schild lesen und feststellen, dass du nur sechs Glocken über der Tür hängen hast. Du wirst dich bedanken und sie freundlich bedienen und dein Haus wird immer voll sein!«

Der Gastwirt versuchte es, und siehe da, die

Reisenden kamen alle in das Gasthaus, machten den Besitzer stolz auf seinen Fehler aufmerksam und blieben dann zum Essen gleich da, denn sie wurden sehr zuvorkommend und freundlich bedient. Der weise Mann hatte Recht behalten.

Darum seid klug wie die Schlangen und ohne Falsch wie die Tauben.

MATTHÄUS 10,16B

Wer überlebt?

Ein kleines Kurierflugzeug gerät in große Schwierigkeiten. Plötzlich setzen die beiden Triebwerke aus. An Bord befinden sich neben dem Piloten ein bedeutender Wissenschaftler, ein kleiner Pfadfinder und ein würdiger alter Bischof. Der Pilot ruft den dreien zu: »Wir müssen mit dem Fallschirm abspringen, um unser Leben zu retten. Das Dilemma ist nur, dass es gerade drei Fallschirme gibt. Einen brauche ich, und ihr drei müsst unter euch ausmachen, welche zwei sich retten können!«

Der Wissenschaftler betont, wie wichtig er für die Welt mit seinen Forschungen ist, und beansprucht mit Vehemenz einen Fallschirm, greift einfach zu und springt ab. Der Bischof schaut den kleinen Pfadfinder an und sagt liebevoll: »Du bist jung und hast das Leben noch vor dir, ich bin alt und habe mein Leben gelebt, nimm du den zweiten Fallschirm und rette dich, bevor es zu spät ist!« – »Ist nicht nötig«, sagt der Junge, »wir haben beide noch einen Fallschirm. Der Wissenschaftler, der oberkluge, hat sich meinen Rucksack gegriffen und ist abgesprungen!«

Weh denen, die weise sind in ihren eigenen
Augen und halten sich selbst für klug!

JESAJA 5,21

Blinde Wächter

Eine Geschichte aus der alten UdSSR erzählt, dass in einer Tischlerei von den Arbeitern viele Werkzeuge und manches Material gestohlen wurden. Deshalb wurde am Tor ein Wachtposten aufgestellt.

In der ersten Nacht kommt Petrowitsch mit einem verdächtig großen Sack auf einer Schubkarre aus der Werkstatt. »Halt, was haben Sie da?«, ruft der Wächter. »Es sind nur Hobelspäne!«, erwidert Petrowitsch. Der Wächter lässt den Sack ausleeren. Und tatsächlich sind nur Hobelspäne darin. Das wiederholt sich nun jede Nacht. Ein großer Sack auf einer Schubkarre, aber immer nur wertlose Hobelspäne. Schließlich wird der Wächter wütend, voller Zorn packt er den Arbeiter und schreit: »Ich weiß genau, dass Sie etwas im Schilde führen, aber es macht mich ganz verrückt, dass ich nicht weiß, was es ist. Ich werde Sie gehen lassen, wenn Sie mir sagen, was Sie hier jede Nacht stehlen!« Petrowitsch lächelt und antwortet: »Schubkarren!«

*So spricht der Herr über die Hirten
seines Volkes: Alle ihre Wächter sind blind,
sie wissen alle nichts.*

JESAJA 56,10A

Schlechte Freunde

An einem heißen Augusttag hatte der Fuchs großen Durst. Da kam er zu einem Ziehbrunnen, sprang in einen Wassereimer und verschwand unten im Brunnen. Er trank und trank, dann aber sagte er sich plötzlich: »Oh, ich Narr, wenn jetzt der Bauer kommt, verprügelt er mich nach Noten.«

Er dachte nach und dachte nach, er war nämlich ein großer Schlaumeier und Schelm. »Den ersten Esel, der hier vorbeikommt, den überrede ich, in den anderen Eimer zu springen. So kommt er herunter und ich gehe hinauf.«

Bald darauf kam sein Freund, der Wolf, vorbei. Da rief der Fuchs von unten: »He, Freund, ich bin in den Brunnen gestiegen, um zu trinken, jetzt bin ich hier ganz allein. Komm doch auch herunter, dann leisten wir uns Gesellschaft. Hier unten ist es schön kühl. Es ist einem richtig wohl!«

»Aber wie komme ich denn hinab?«, fragte der Wolf. – »Schau, dort ist ein Eimer, spring hinein und komm zu mir.« Der arme Wolf – er war schon immer naiv gewesen – sprang in den

Eimer, und während er in den Brunnen hinunterfuhr, fuhr der Fuchs hinauf. Als der Wolf alleine unten saß, fragte er: »Was soll ich jetzt hier?«

Der Fuchs antwortete: »Schau selbst, wie du zurechtkommst. Ich bin frei. Mir ist jetzt kühl genug, bleib du ruhig dort!«

Nun begriff der arme Wolf, dass man sich auf schlechte Freunde nie verlassen soll.

Ein Freund täuscht den andern,
sie reden kein wahres Wort;
sie haben sich daran gewöhnt,
dass einer den andern betrügt.

JEREMIA 9,4

Allmächtiger!

Drei Jungen toben auf einem Spielplatz. Als sie müde sind, hocken sie auf der Bank und unterhalten sich. Einer will wichtiger und witziger sein als der andere. Ein Junge legt los: »Mein Onkel ist Pfarrer. Wenn der durch sein Dörfchen geht, nehmen die Leute die Hände aus der Tasche und sagen ›Hochwürden‹.« Der zweite Junge antwortet: »Ich habe einen Onkel, der ist Kardinal. Wenn der durch sein Städtchen geht, dann reißen die Leute die Mütze vom Kopf und sagen ›Eminenz‹.« Der dritte Junge wirft ein: »Das ist noch gar nichts. Ich habe einen Onkel, der ist sooo dick. Wenn der über die Straße geht, dann schlagen die Leute die Hände über dem Kopf zusammen und rufen ›Allmächtiger‹.«

Eines hat Gott geredet, ein Zweifaches habe ich gehört: Gott allein ist mächtig!

PSALM 62,12

Bin ich denn verrückt!

Ein Mann stürzte bei einer Bergwanderung in eine tiefe Schlucht. Beim Absturz konnte er sich gerade noch an einem Zweig festhalten. Dort hing er nun über dem dreihundert Meter tiefen Abgrund. Voller Angst sah er den winzigen Zweig und die tiefe Schlucht und spürte, wie seine Kräfte schwanden. In seiner Todesangst schrie er zu Gott: »Gott, wenn es dich gibt, rette mich, dann will ich auch immer an dich glauben!« Nach einer Weile tönte ein mächtige Stimme durch die Schlucht: »Das sagen alle Menschen, wenn sie in großer Not sind!« – »Nein, Gott, ich bin nicht wie die anderen, ich will wirklich an dich glauben, hilf mir doch bitte!« – »Gut, ich werde dich retten«, ertönte die Stimme, »lass den Zweig los, ich werde dich auffangen und bewahren!« – »Den Zweig loslassen, bin ich denn verrückt!«, schrie der verzweifelte Mann.

Es ist dem Menschen ein Fallstrick,
unbedacht Gelübde zu tun und erst nach
dem Geloben zu überlegen.

SPRÜCHE 20,25

Völlig unmöglich

Ein Mann wurde darüber informiert, dass ein Wirbelsturm und eine Flutwelle sein Haus hinweggerissen hätten. Er lachte und sagte: »Völlig unmöglich, ich habe den Hausschlüssel in meiner Tasche!«

Ein Junge hörte im Konfirmandenunterricht, dass Gott die Welt und auch den Menschen geschaffen habe. Er lachte und meinte: »Völlig unmöglich, ich habe im Biologiebuch gelesen, dass die Welt aus einem Urknall entstanden ist und wir Menschen vom Affen abstammen!«

Ein Mann hörte bei einer Beerdigung, dass Jesus von den Toten auferstanden sei. Er lachte und sagte: »Völlig unmöglich, es ist noch nie jemand zurückgekommen!«

Ein Mann erzählte in einem Gesprächskreis, dass er im Krieg in einer brenzligen Situation im Schützengraben eine laute Stimme hörte, die ihn aufforderte, zwei Schritte zur Seite zu gehen. Eine Minute später schlug an dem Platz, den er gerade verlassen hatte, eine Kugel ein. Die Zuhörer lachten und riefen: »Völlig unmöglich, das ist alles nur Einbildung!«

Gott sagte zum reichen Kornbauern: »Du Narr, diese Nacht wird man deine Seele von dir fordern!« Der Mann lachte und sagte: »Völlig unmöglich, meine Ernte war gut, meine Scheunen sind voll, und ich habe einen Vorrat noch für viele Jahre!«

Der Weisheit Anfang ist die Furcht des Herrn,
und den Heiligen erkennen, das ist Verstand.

SPRÜCHE 9,10

Eitelkeit ist der Stolz
der Schwächeren

Ein Rabe hatte einst aus einem offenen Fenster eines Wohnhauses ein Stück leckeren Käse gestohlen. Er setzte sich auf einen hohen Baum und wollte die Beute genüsslich verzehren. Und wie es nun mal Rabenart ist, man hörte seine Fress- und Schmatzgeräusche weithin. Man hörte, wie es ihm schmeckte. Das vernahm auch ein Fuchs und dachte bei sich: »Wie komme ich nur an den Käse?« Er schlich sich ganz nah an den Baum heran und rief hinauf: »O, lieber Rabe, noch nie im Leben habe ich einen solch schönen Vogel wie dich gesehen. Und wenn deine Stimme auch so herrlich klingt, wie du aussiehst, dann sollte man dich zum König über alle Vögel krönen!« Das tat dem Raben gut. Das hatte noch niemand zu ihm gesagt. Der Rabe wurde ganz stolz und in seiner Eitelkeit plusterte er sich mächtig auf, machte sich bereit zum Singen und vergaß dabei seinen Käse. Wie er nun seinen Schnabel öffnete und den ersten Ton herauskrächzte, fiel der Käse auf den Boden, genau vor das Maul des Fuchses. Der machte sich sofort über den leckeren Käse her und lachte über den dummen Raben.

Wer seinem Nächsten schmeichelt,
der spannt ihm ein Netz über den Weg.

SPRÜCHE 29,5

Schafskopf

Pieter Breughel der Ältere (1525-1569) wurde auch ›Bauernbreughel‹ genannt, weil er aus einer Bauernfamilie stammte und auf vielen seiner Gemälde das dörfliche Leben dargestellt hat. Als der Künstler schon weltberühmt war, wurde er auf einer vornehmen Brüsseler Festlichkeit von einem Edelmann gefragt: »Herr Breughel, schmerzt es Sie nicht, dass Sie eine so entsetzliche Kindheit hatten? Ich hörte, dass Sie Jahre hindurch nur stumpfsinnige Schafe hüten mussten!« Breughel sah den feinen Mann scharf an und meinte: »Wissen Sie, bei den Schafen, da lernt man das wirkliche Leben, und vor allem erkenne ich seitdem jeden Schafskopf auf den ersten Blick!«

Im Herzen des Verständigen ruht Weisheit,
und inmitten der Toren wird sie offenbar.

SPRÜCHE 14,33

Ein scharfer,
stechender Schmerz

Ein junger Mann kommt zum Arzt und klagt: »Herr Doktor, ich habe starke Kopfschmerzen, die ich einfach nicht loswerde, können Sie mir vielleicht helfen?« Der Arzt schaut den strengen jungen Mann freundlich an und fragt ihn, ob er regelmäßig Sport treibe. »Nein, das ist doch Zeitverschwendung, ich treibe nur wesentliche Dinge!« Der Arzt fragt ihn weiter, ob er öfter mal mit anderen jungen Leuten ausgehe und dabei Freude habe. »Nein, mit solchen zweifelhaften Vergnügungen habe ich nichts im Sinn!« – »Lachen Sie öfter mal herzhaft und machen etwas Schönes wie Essengehen oder Theaterbesuch?« – »Nein«, antwortet der junge Mann entrüstet, »ich bin ein ernsthafter Mensch!« – »Sagen Sie, ist dieses Kopfweh, über das Sie klagen, ein scharfer, stechender Schmerz um den ganzen Kopf herum?« – »Ja, genau so könnte man ihn beschreiben!« – »Ganz einfach, mein Lieber, Ihr Leiden ist, dass Ihr Heiligenschein zu stramm sitzt. Sie brauchen ihn nur etwas zu lockern, und es geht Ihnen viel besser!«

*So geh hin und iss dein Brot mit Freuden,
trink deinen Wein mit gutem Mut; denn dies
dein Tun hat Gott schon längst gefallen.*

PREDIGER 9,7